SUCCESSION DE M. RANQUE

Juge au Tribunal de Gien

VENTE A GIEN (Loiret)

au domicile du défunt, rue des Saintes-Claires

Les Dimanche 21, Lundi 22 Septembre
et jours suivants, s'il y a lieu, à 1 heure précise

FAIENCES ANCIENNES

ARMES — MEUBLES ANCIENS — OBJETS DIVERS

ENVIRON 3,000 VOLUMES

GRAVURES EN NOMBRE

VINS FINS

Mᵉ JOLY
Commissaire - priseur
à GIEN (Loiret)

M. A. BLOCHE
Expert près la Cour d'Appel
25, rue de Châteaudun, PARIS

EXPOSITION PUBLIQUE

Tous les Vendredis, de 1 heure à 4 heures
Et le Samedi 20 Septembre, de 1 heure à 6 heures

GIEN 1890

LE PRÉSENT CATALOGUE

CONDITIONS DE LA VENTE

Elle sera faite expressément au comptant.

Les acquéreurs paieront 6 pour cent en sus du prix d'adjudication.

L'exposition mettant le public à même de se rendre compte de l'état et de la nature des objets, aucune réclamation ne sera admise une fois l'adjudication prononcée.

NOTA. — Toute commission pourra être adressée au commissaire-priseur et à l'expert, qui se chargeront de tout achat pour MM. les amateurs.

HEURES DES TRAINS POUR GIEN

De Paris : 7 h. 35 matin ; midi 05 ; 5 h. 10 soir ; 6 h. 05 ; 10 h. 45.

De Nevers : 5 h. 05 matin ; 8 h. 53 ; 1 h. 30 soir ; 6 h. 56.

D'Auxerre : 7 h. 36 matin ; 1 h. 05 soir ; et 5 heures.

D'Orléans : 5 h. 33 matin ; 11 h. 42 ; et 6 h. 30 soir.

De Bourges : 5 h. 30 matin ; 10 h. 15 ; et 4 h. 40 soir.

DÉSIGNATION

FAIENCES ANCIENNES & MODERNES

FABRIQUE DE NEVERS

1. — Série de 12 assiettes polychrômes représentant les douze apôtres, **1762**.

2. — Assiette représentant saint Pierre, signée *Pierre Serez*, **1734**.

3. — Assiette représentant sainte Madeleine, **1730**.

4. — Assiette représentant saint Pierre, signée *Pierre Thibault*, **1789**.

5. — Assiette représentant saint Jean par *Jean Sené fils*, **1770**.

6. — Assiette représentant saint François, signée *François Duclou*, **1786**.

7. — Assiette représentant saint Jean, et à côté, un peu au-dessus, un paysan assommant une vache, signée *Claude de Lareu fils*, **1762**.

8. — Assiette représentant une classe d'enfants, avec la mention *Frère René de la petite classe*, et sur le marli l'inscription suivante : « *Cet écollier qui crains le fouet et la Torche, nous représente icy le prouerbe commum de cet anguille de Melun, qui cris toujours avant qu'on l'écorche.* »

9. — Assiette représentant saint Etienne, signée *Etienne Besnier* **1756**.

10. — **2** assiettes représentant l'Été et l'Automne, signées *Hemme Guerchais* **1800**.

11. — Assiette représentant l'Hiver, signée *Charles Prioux* **1803**.

12. — Assiette représentant la Sainte-Famille, signée *Joseph Maupoint* Reine Bate **1784**.

13. — Assiette représentant saint Joseph par *Joseph Augemon* **1803**.

14. — Assiette représentant saint François par *François Lautaut* **1816**.

15. — Assiette représentant saint Etienne par *Etienne Mouyon* **1779**.

16. — Assiette représentant saint François par *François Gauguin* **1781**.

17. — Assiette représentant sainte Madeleine par *Magdeleine Groslier, femme Degenne,* **1804**.

18. — Assiette représentant Saint Pierre par *Pierre Bodin,* **1804**.

19. — Assiette représentant saint Denis par *Denis Bourdin,* **1749**.

Une série nombreuse d'assiettes de la Révolution, parmi lesquelles :

20. — Assiette représentant *l'Exécution de Louis Capet,* 21 janvier 1793, et au-dessus l'inscription : *L'an second de la République française.*

21. — Assiette avec l'inscription : *Au mane de Mirabeau, la Patrie reconnaissante.*

22. — Assiette représentant deux faisceaux de licteurs ; entre les deux, dans le haut, un bonnet phrygien ; au centre cette inscription :

Vivre libres ou mourir, et dans le bas un groupe d'enfants. Au-dessus de tout l'inscription : *Paix aux chaumières, mort aux tyrans, guerre aux châteaux*, et au-dessous : *A. B. C. des Jeunes Républicains.*

23. — Assiette représentant à son centre un écusson tricolore avec le blanc à gauche et l'inscription : *La Nation, la Loi, le Roi.* L'écusson est surmonté d'un bonnet phrygien, d'une crosse, d'une croix archiépiscopale, et d'une mitre. Autour l'inscription : *Evêché de la métropole du Centre.*

24. — Assiette avec un triangle égalitaire posé sur un glaive et surmonté d'un bonnet phrygien. Au-dessus, l'inscription : *Brutus à Simon*, et au-dessous : *Mort aux tyrans.*

25. — Assiette représentant *la Prise de la Bastille*, avec l'inscription : *Dédié au patriote Jean Renaud* **1789**.

26. — Assiette représentant une figure ailée, accoudée sur une borne où est écrit : *Droits de l'Homme*, avec la signature *Ragon.*

27. — Assiette décorée au centre de deux cercles de palmes, avec le chiffre **1792** traversé par une épée debout, surmonté du bonnet phrygien ; autour de chaque cercle de palmes les inscriptions : *L'union et la liberté donnent la force et l'abondance*, et *Municipalité d'Orléans.*

28. — Assiette ayant au centre une tête de garde française, posée au-dessous d'un médaillon dans lequel est écrit : *Je chéris ma liberté.*

29. — Environ cent pièces de la même série, parmi lesquelles se trouvent des répétitions des assiettes ci-dessus désignées.

30. — Environ deux cents assiettes de faïences populaires.

31. — Plaque octogone, décor polychrôme, avec texte, représentant *David récitant le psaume* XXI.

32. — Autre semblable, représentant *le Grand-Prêtre Siméon*.

33. — Autre représentant le Christ, avec, à gauche, un *groupe de soldats*, et à droite un *groupe d'anges*.

34. — Autre représentant *la mère des sept douleurs*.

35. — Plaque contournée, style rocaille, représentant sainte Marguerite **1756**.

36. — Autre analogue, représentant la chaste Suzanne, dessous la signature *Minéant Perrot* **1760**.

37. — Autre en relief, avec sujet, la Vierge, l'Enfant Jésus et saint Jean.

38. — Trois braseros.

39. — Petite cruche, décor gros bleu, avec rehauts blancs, couvercle étain.

40. — Assiette même décor.

41. — Pot à surprise, décors gros bleu.

42. — Plat creux octogone bleu, avec centre et marli décorés de fleurettes polychrômes.

43. — Bouteille décor bleu.

44. — Autre plus grand, avec deux médaillons de figures et l'inscription : *Jeanne Meunier à M. Etienne Taillandier* **1738**.

45. — Salière supportée par une femme à double visage.

46. — Gourde polychrôme avec saint Jacques et divers animaux, signée *Jacques Renaud* **1764**.

47. — Environ douze bénitiers divers.

48. — Environ douze petites commodes.

49. — Un lot de saucières, huilliers, salières, petites vasques, sabots, souliers et pièces diverses.

50. — Fontaine décor polychrôme à guirlandes avec son couvercle.

51. — Saladier, décor dans le haut, le Pont de la Loire ; au-dessous saint Pierre et la Madeleine, signé *Pierre Casie et Magdeleine Duran femme de Pierre Casie* **1800** (*l'an 9*).

52. — Autre décor, dans le haut *le Pont de la Loire*, au-dessous saint Nicolas avec la signature, *Antoine Thibaut, et Marie Sené femme de Thibaut an 10*, **1802**.

53. — Autre avec saint Jean **1762**.

54. — Deux petits vases à piédouche, décor bleu, inscriptions pharmaceutiques.

55. — Plat à barbe avec l'inscription *A mon bon razoir* **1793**.

56. — Autre, avec saint Pierre signé, *Pierre Thibaut* **1789**.

57. — Autre représentant une caserne.

58. — Un grand nombre de pièces de toute nature, qui seront vendues en lots.

FAÏENCES DE GIEN

59. — Environ **500** pièces diverses, qui seront divisées.

FAÏENCES DIVERSES

60. — 4 assiettes et un plat, faïence de Marseille, décors à bouquets de fleurs avec roses.

61. — Deux assiettes Rouen, décor de cigognes avec paniers.

62. — Deux assiettes Rouen, fond rouge, décor de vases de fleurs.

63. — Assiette Rouen, décor polychrôme à trois personnages.

64. — Assiette Rouen, deux personnages chinois.

65. — Assiette Rouen, deux personnages chinois et fleurs.

66. — Assiette avec deux cœurs renfermant des inscriptions allemandes.

67. — Deux assiettes ancienne faïence de Creil, avec chansons.

68. — Quatorze pièces, assiettes, plats et soupières faïence de Paris, décor noir imprimé.

69. — Quatre assiettes Delft bleu à deux personnages.

70. — Environ vingt-cinq pièces Delft, polychrôme et bleu.

71. — Grand plat à poisson, de Strasbourg, décor de personnages chinois et fleurs.

72. — Deux petits plateaux carrés et dentelés, figures chinoises Strasbourg.

73. — Quatre plateaux ovales Strasbourg, décor analogue.

74. — Sucrier et son couvercle, décor de fleurs, Strasbourg.

75. — Soupière Rouen et son couvercle, décor à la corne.

76. — Plat Rouen décor à la corne tronquée.

77. — Petit plat ovale de Rouen, décor à la corne.

78. — Autre plat semblable, plus grand.

79. — Plat d'œufs coupés.

80. — Plats à 4 lobes, décor bleu, fabrique de Vincennes.

81. — Soupière de Marseille, décor riche à fleurs, bouton du couvercle formé par une écrevisse et un chou-fleur.

82. — Pot en faïence de Lille, décor bleu, couvercle en étain.

83. — Cornet en faïence italienne.

84. — Nombreuses faïences diverses qui seront vendues soit séparément, soit par lots.

OBJETS DIVERS

85. — Plusieurs éventails anciens.

86. — Environ 30 pièces verrerie ancienne.

87. — Aiguière et sa cuvette en étain.

88. — Deux bassinoires en cuivre repoussé.

89. — Deux chenets en fer.

99. — Environ 20 assiettes porcelaines anciennes, de Chine, du Japon ou Européennes.

ARMES

91 à 106. — Seize fusils divers, depuis le fusil à pierre, jusqu'au fusil système Lefaucheux.

107 à 114. — Huit pistolets divers.

115 à 127. — Douze sabres ; sabres de cavalerie, sabres de sapeur et sabres-baïonnettes.

128 à 132. — Cinq épées Louis XVI, dont une à poignée d'argent,

133. — Deux fleurets.

134. — Couteau de chasse.

135, 136. — Yatagan et poignard arabes.

137. — Trois petits poignards.

138. — Couteau arabe avec manche en os incrusté.

139. — Quatre sagaies indiennes.

MEUBLES ANCIENS

140. — Commode Louis XVI, acajou et filets de cuivre.

141. — Table de bouillotte acajou et filets de cuivre.

142. — Guéridon rond, acajou et filets de cuivre.

143. — Table à ouvrage avec pieds formant lyre.

144. — Ecran avec tablette de travail.

145. — Grand canapé Louis XV, bois sculpté, recouvert en toile de Jouy.

146. — Commode fin Louis XV, bois sculpté, poignées et ornements cuivre.

147. — Table de nuit Louis XVI, noyer.

148. — Trois trumeaux avec peintures.

149 à **150.** — Deux beaux cadres en bois sculpté, ovales.

151 à **153.** — Trois armoires anciennes.

154. — Petit rouet Louis XIII.

155. — Meubles divers.

LIVRES

156. — Contes de La Fontaine, édition des fermiers généraux, Amsterdam **1762**, 2 volumes, reliés en veau de l'époque, très belles gravures, culs de lampes de Chauffard.

157. — Contes de La Fontaine, Amsterdam **1762**, 2 volumes avec gravures.

158. — Collection du *Monde Illustré*, en partie reliée depuis 1857 jusqu'à 1874.

159. — Collection de la *Vie Parisienne*, depuis la fondation, volumes en partie reliés et brochés.

160. — Collection de l'*Univers illustré*.

161. — Environ **300** volumes, œuvres complètes d'Alexandre Dumas, reliés et brochés.

162. — Collection des livres de la bibliothèque des Amis des Lettres.

163. — Collection reliée du journal *Le Voleur*.

164. — Collection du *Figaro*, en partie reliée depuis 1864.

165. — Collection du *Musée pour tous*, publié par Ludovic Barchet avec photographies de Goupil.

166. — Le salon de 1873, publié par Goupil et Cⁱᵒ.

167. — Collection de la Galerie contemporaine, littéraire et artistique publiée par Ludovic Barchet, avec portraits.

168. — Collection de *Paris-Théâtre*.

169. — Collection de l'*Illustration*, volumes reliés et brochés, depuis 1854.

170. — Collection du *Magasin Pittoresque*, depuis 1833.

171. — Collection du *Musée des familles*.

172. — Collection du *Journal Officiel*, depuis 1871.

173. — *Journal amusant* relié.

174. — Un grand nombre de beaux volumes. Victor Hugo ; Alfred de Musset ; Siège de Paris et Commune ; Jules Claretie, Révolution de 1870-71 ; Eugène Süe ; Bibliophile Jacob, etc.

175 à 207. — Grand nombre de beaux volumes in-4° richement reliés, pièces de théâtre, œuvres de F. Cooper : du capitaine Marryal ; du capitaine Mayne Raid, etc.

208. — Environ **3.000** volumes, livres anciens, elzévires, romans modernes, reliés ou non, livres avec gravures.

GRAVURES

209. — Un très grand nombre de gravures anciennes encadrées ou en portefeuille.

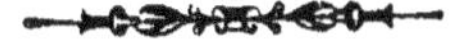

VINS FINS

210. — *Vins blancs* : Graves 1870 ; Pouilly 1870 ;
Sec doré de Vital 1880 ; Maligny 1880.
Vin rouge : Auxerre, Boisvin, Albert Gigot
1876.

Gien. — Imp. P. Pigelet